*Dieses Büchlein entstand aus den Launen
meines Herzens und meiner Seele,
wenn es mir gut ging oder ich traurig war...*

*Es beschreibt in gedichteter und gereimter Form
alle Dinge des Lebens, über die sich unterhalten
und erzählt wird....*

*Ich wünsche Euch beim lesen meiner Texte
ein Lächeln auf den Lippen,
einen Moment der Demut
und den Glauben
an die Hoffnung...*

In diesem Sinne wünsche ich Euch: „viel Spaß...".

*alae,
Thomas Vitt*

Kannste gucken-Seiten...

Nessie und der Mond

Keinem Wesen ist bekannt,
das manche Dinge Seelverwandt....

So trafen sich doch kürzlichst noch,
der Mond mit Nessie aus 'm Loch..

Und stellten fest, das ein'ge Sachen,
gleichen sind, was sie so machen..

Der Mond scheint Nächtens oben helle,
Und 's Nessie stets dazu gern belle..

Was man so bellen nennen kann,
ein jeder tut halt, was er kann...

Ergänzen tut sich 's allemal,
Wird 's doch vernomm 'n von Berg zu Tal.....

Was unheimlich und Unnahbar,
doch bei den Beiden, wirklich wahr...

Verbundenheit sich spürbar macht,
zusammen glauben, man stets lacht....

denn was sie wissen ist so selten,
noch nicht gebor 'n in allen Welten..

das man, wenn man zusammenhält,
Des "Wesen 's" Liebe nicht zerschellt....

Drum, wenn sie sich bei Mondlicht seh 'n,
Händchenhalt 's spazieren geh 'n....

Die Nessie und der helle Mond,
Sich einigen, das doch verschont.....

Bleiben alle Wesen hier,
vom Mond und von dem Urzeittier.....

©Thomas Vitt

*Dieses Gedicht widmete Ich einem Menschen,
der mich in mancher Stund am Leben hielt......*

Danke, Nessie(P.K.)....

Freiheit für Schottland

Brüder, hört Ihr die traurigen Lieder,
wenn sie erklingen zu trauriger Stund...
Angst und Schrecken fährt durch jeglich Glieder,
wenn schottische Piper zum Angriff tun kund...

Am Abend gesammelt auf Felde die Mannen,
für Freiheit und Ehre ein jeder erscheint........
in früheren Schlachten sie auch nicht wegrannen,
so mancher auch Heute in Demut noch weint..

der Engländers Heere Soldaten doch blitzen,
in Gold und Silber sie leuchten in Pracht...
Die Bogenschützen steh ′n vor den Haubitzen,
Und Feigling ′s Verräter am Berge hoch wacht...

So seh ′n sich die Feinde im Kampfe erregen,
ein sämtlicher Mensch hier zum Sturme bereit...
die Trommler geh ′n langsam dem Feinde entgegen,
ein jeder der Schotten sein Land wünscht befreit...

Die Fahnen geh ′n hoch ′e dem Himmel empore,
die Piper den Luftstrom zum Sacke geneigt..
Schottland die Treue in Liebe geschwore....
Sekunden der Sehnsucht ein jeder noch schweigt....

Die Klingen komm´n näher, der Kampfe beginne,
Blutrot der Heimat die Erde erzählt....
Hoffnung für jeden, der glaubt, er gewinne,
auch mancher unachtsam den Tode gewählt..

Die Stimmen sind leiser, der Feind scheint geschlagen,
Leichen verstreut über endloses Feld...
den Reste der Hunde ,den könn´ wir verjagen..
ein Leuchten der Augen ganz Schottland erhellt...

Gemeinsam gesammelt und Stolze im Herzen,
zusammen geblutet und Brüder verlor´n..........
so jeder muss endlos Verluste verschmerzen,
doch Freiheit für Schottland, und das ist geschwor´n...

©Thomas Vitt - 16.10.2008

Alba Gú Brath.....my Heart belong to Scotland....

Des Zauber's schottischer Blume.......

Die Distel, sie schmücke ein herrliches Land,
blühend und zahlreich sie steht..
Dieses Kleinod wird Schottland genannt,
Ein jeder Besucher nie freiwillig geht......

Die Lowland ´s , die Highland ´s,
voll Disteln dort oben,
gar jeder Mann ´s Seele erfreut..
Schottland von all möglich Mythen umwoben,
noch niemand hat´s dasein bereut...

Die Bagpiper, Trommler im Zuge marschieren,
Prachtvoll und herrlich zu seh´n...
Die Liebe zur Heimat und zu seinen Tieren,
manch Zweifler die Augen verdreh ´ n....

Im Gleichschritte marsch´e, so ist der Befehle,
und wie vom Geist geführt stet´s...
Dem Stolze der Läufer nicht einen Schritt stehle,
Bedenklich und sinnvoll doch geht´s...

Zusamm´nhalt und Liebe,
das ist doch noch reichlich,
an all möglich Orte zu spür´n...
So vieler Mann´s Herze ist gar zu verweichlich,
Doch Tränen aus Schottland berühr´ n.

Drum fahret nach Haus und erzählt Euren Kindern,
von Frohsinne, Liebe und Herz........
Erinnerung'n der Seele ewig überwintern,
und spüret nie mehr wieder Schmerz.........

Shortbread und Haggis werd keiner vergessen,
auch Whisky, der Welt best Getränk..
Eindrücke Schottland's kann niemand ermessen,
welch Botschaft's Berührung es schenk...

Die Distel , die Blume der ewigen Winde,
Vergang'ne Geschichten erzählt...
sie lasse't doch offen der Welt jedem Kinde,
welch Weg seines Leben's es wählt.....

©Thomas Vitt

Zusammenhalt

Zwei Eichhörnchen im tiefen Wald,
das Haselnüss´lein knabbern....
das geht nur mit Zusammenhalt,
und keines muss je sabbern.....

Das Böse gibt´s, es ist gewiss,
nach Seelen gerne krallt..
doch mittendrin nen Trennungsriss,
des Mensch´s Zusammenhalt...

Die Musik schreit beim Rock&Roll,
es aus den Boxen schallt..
Ich tanz und find es furchtbar toll,
der Welt Zusammenhalt..

Und wenn der Vater wieder knallt,
die Mutter in der Nacht..
dann heißt das auch Zusammenhalt,
weil´s Herz vor Freude lacht...

So meine Freunde, dieser Text,
lest lächelnd bis auf bald...
auf englisch heißt das bis " the next ",
genehm Zusammenhalt....

©*Thomas Vitt - 04.03.2009*

Der Zauber der Natur

Herbstgewitter vor der Türe,
Draussen regnet es doch sehr....
Der Duft des Kaffee`s mich verführe,
und ich besonnen in mich kehr...

Wärmer ist mir´s wahrlich lieber,
frier Ich doch nich ganz so schlimm...
brauch im Sommer keinen Schieber,
fröhlich durch das Becken schwimm....

Frühling´s Macht sind Sonnenstrahlen,
wärmend fallen auf mein Haupt.....
kleine Kinder Blätter malen,
Glücklich, wer an Liebe glaubt...

Jahreszeiten alle doch´e,
ich in diesem Text durchfuhr......
Leute, Gruß aus meinem Loche,
Lest " Den Zauber der Natur"....

©*Thomas Vitt*

Die heil'ge Hilde von Bingen...

Auf der Bordsteinkante,
bis morgens um vier...
stand die Hilde von Bingen,
in Ihrem Revier...

Ja, die Hilde von Bingen,
im Haus oft verschwand...
und viel Menschen erfreute,
durch helfende Hand...

Die Mönche vom Berge,
die liebten Gesang...
und so war'n sie entzücket,
der Glockenschlag's Klang...

Die Hilde von Bingen,
der Medizin treu...
mischt' Gefühle und Sehnsucht,
im bäuerlich Heu....

Das Wasser des Rheines,
wischt weg allen Dreck..
und ist all'gegenwätig,
in Hilde's Heckmeck..

Die Hilde von Bingen,
ein jeder Sie kennt...
und wer Sie nie gehört hat,
der hat halt verpennt...

Die Geschichte von Hilde,
Jahrhundert` erzählt..
denn die Freiheit der Sprache,
hat Sie früh gewählt..

So freut Euch des Segen´s,
der heiligen Frau..
denn die Hilde von Bingen,
wusst alles genau..

© *Thomas Vitt - 26.04.2009*

der Heimat...ein Gedicht...

Der Kundgeber namens Frühling

Frühling wird´s , man merkt´s am Regen,
draussen regnet´s aus nem Fass...
fühl mich modrig und deswegen,
geh Ich raus und werde nass...

Dicke Tropfen auf der Stirn´e,
fließen langsam in´s Gesicht...
feucht ist meine rote Birne,
meine grad ,Ich krieg die Gicht..

Sonnenstrahlen sind verschwunden,
schade drum, sie wärm`nten schön...
Der Himmel offen schon seit Stunden,
die Haare nass, Ich brauch ´nen Fön..

Die ersten Blumen schau´n nach draussen,
freuend auf der Welten Lohn...
der Gärtner tut das Blatt entlausen,
Weshalb? warum? wer weiß das schon?

Hügel werden jetzt gegraben,
Maulwurf, blind steht oben auf...
und freut´s den Gärtner nicht der Gaben,
so haut er mit dem Spaten drauf…

Oh mein Gott, was kommt gekrochen,
Regenwürmer, dick und fett...
blicken schon seit Weltepochen,
auf Menschen´s letzte Ruhestätt´...

So ist der Frühling Jahreszeit´e,
Anmeldung für manches gar...
auf besser Wetter vorbereite,
so stellt sich der Himmel dar..

Was doch zählt sind Uns´rer Launen,
Froh und Mut in jedem Hut..
über´s gute Wetter staunen,
Wärme tut doch allen gut..

Dies die erste von den Vieren,
Jahreszeiten Ich beschrieb...
sag den Menschen und den Tieren,
Tschüss, Ich hab Euch alle lieb...

©Thomas Vitt - 25.03.2009

Liebende Erleuchtung

Flammend hoch die Feuer brennen,
froh Gemüt die Geister geh´n...
rasend schnell die Herzen rennen,
Sachen, die für " Liebe " steh´n....

Hoch hinaus Gedanken schwirren,
Gutes Ding für Weile stand...
niemand denkt, man könnt sich irren,
" Liebe " auf dem Erdtrabant....

Fackeln in all Höhlen leuchten,
helle auch der Himmel brennt...
Sinne sind es, die oft täuschten,
wenn man das Kind beim Namen nennt..

Sonderbar Benimm der Herzen,
Menschen´s Leid dadurch entsteht...
die Welt auch noch mit Ihren Scherzen,
den Funk der Hoffnung gar verweht...

Stiche ,Hiebe, harte Worte,
irgendwann kommt jeder dran....
" Liebe " schmeckt wie Sachertorte,
wenn der Konditor auch was kann…

doch wie die Mark und auch der Groschen,
froher Sinn den Schmerz befreit...
das Licht der " Liebe " ist erloschen,
und hüllt sich jetzt in Dunkelheit..........

©Thomas Vitt - ‚Freitag der 13`e .03.2009

Ein schöner Tag

Die Tränen der Seele

Tief im Inner´n und verborgen,
haust gewiss noch mehr wie Herz....
sorgt für Kummer und für Sorgen,
nenne sowas " Seelenschmerz"...

Auch für Freude ist gegeben,
von dem Unsichtbaren Ding...
Zeit und Lieb in jedem Leben,
verbunden wie mi`m Ehering...

Keiner hat bisher gesehen,
dieses sei hier mal erwähnt...
noch bei Kummer und bei Wehen,
das der Seele Augen tränt....

Glatzekopf und lange Mähnen,
ist egal, was zählt ist das...
das des Menschen " Seelentränen ",
sorgen für den Wasserlass...

Jeder mal hat doch verspüret,
tief im Innern einen Schmerz...
die Gefühl, was Euch berühret,
war die Seel, und Euer Herz..

Keiner soll vom Siege gähnen,
denn ganz schnell gedreht die Welt....
schnelle fliessen " Seelentränen ",
Liebe, die am Fels zerschellt..

Im Nachbarland, da wohnen Dänen,
nahe gern am weiten Meer..
dies besteht aus " Seelentränen,
viel Menschenaugen weinten sehr..

Linke Hand und falsche Zähne,
für Gelächter sorgen gern...
Folgen von den " Seelentränen ",
kann man sich nicht gegen wehr`n...

Wasser fließt aus Wasserhähnen,
Brunnen sorgen auch dafür...
Wasser fließt bei " Seelentränen",
Dicke werden dabei dürr....

Und der Tierreich viel Hyänen,
sind verschrie´n der Bosheit schier...
auch diese lassen " Seelentränen",
fühlen Schmerz und nicht nur Gier..

Schnell verschifft auf großen Kähnen,
Ladung für jed` Staate gar...
Dabei sind auch " Seelentränen ",
nicht gelogen, wirklich wahr..

Höret mit doch all Sophränen,
Musik schön mal leis` und laut...
und genießt die " Seelentränen ",
die jeder kennt, der in sich schaut...

Zum Abschied hier möcht Ich erwähnen,
dieser Text der Demut steht...
Gern schrieb Ich die " Seelentränen",
weil echte Liebe nie vergeht...

©Thomas Vitt - 2101.2009

Eiseskälte

Eiseskälte hat der Winter,
Eisekalt des Menschen Herz...
Eisekalt der Hoffnung Kinder,
Eisekalt verspürt man Schmerz..

Eisekalt die Wucht der Liebe,
kalt ist doch die Sehnsucht auch...
die Wärme stets ins Abseits schiebe,
ist schier nicht mehr in Gebrauch...

Kalt der Würfel, welch aus Eise,
kalt des Wesens Art und Stil..
was soll man tun auf welche Weise,
die Wärme wieder wird mobil...

Kalt das Lächeln vieler Menschen,
geben Dir nicht gern die Hand...
Stell'n Dich hin zu Ihr'm Advention,
und hab'n die Liebe schon verkannt...

So wünsch ich mir für alle Wesen,
Liebe und Geborgenheit..
für Seelenreinheit braucht's kein Besen,
nur Worte, die das Herz erfreut...

Wärme lässt das Eise schmelzen,
welches vieler Herz umschließt..
im Bette sich noch glücklich wälzen,
tanzen, wenn´s in Strömen giesst..

Liebe schenken, Glück empfinden,
Andachtsvoll das Haupt empor...
für diesen Stolz sich überwinden,
und schreiten durch des Willen ´s Tor..

damit stet ´s Wärme Mutter Erde,
umhüllt wie ein Luftballon...
und jedes Wesen glücklich werde,
wer schätzt denn diese Werte schon...

So soll sich jeder stets im Reinen,
sein Gewissen frei von Wut..
Begreifen fängt hier an im Kleinen,
wenn ´s wärmer wird tut ´s allen gut...

Drum möcht ich hier den Anfang machen,
schenk jedermann´s mein Herzenswärm´..
möcht´, das alle Wesen lachen,
spüren´s warm bis in´s Gedärm..

©*Thomas Vitt*

Die Gilde der Diebe

Ich bin gewillt der Nächstenlieb,´
gewiss aus meiner Sicht.
hört alle her, Ich bin ein Dieb,
doch Menschen töt Ich nicht....

Ehre, Mut und Stolze gar,
gewiss nicht harte Hiebe..
verflichtend ist in uns´rer Schar,
genannt " Die Gild der`Diebe"...

Verbündete sind frohnend schall,
Bettler, Arme, Hehler...
Hab´n Augen ,Ohren überall,
sind nicht des Nächst`Bestehler...

Gut Bestückten allerdings,
den nehm Ich Ihre Habe..
damit Sie um des Atem ring´s,
der Hungrigen zur Gabe..

Gejagt vom Heer des König ´s Brut,
verstecke mich im Volke..
Ach Leut, geht ´s mir als Dieb nur gut,
schlaf wie auf einer Wolke..

Geächtet gar mein Brüderschaft,
Verrat wird stets geahndet...
Dabei muss man mit Herzenssaft,
versteck´n, nach dem man fahndet...

So stehl Ich nur, was niemand braucht,
den Luxus doch der Reichen..
ein jeder dieser nur so raucht,
weil "Wir" doch stet´s entweichen...

Drei Regeln haben wir jedoch,
darf niemandem doch sagen...
Und wenn man mal den Braten roch,
dem ging´s schnell an den Kragen..

Sprach unser Herr mit harten Worten,
das oberste Gebot.....
"Diebe, lasst Uns niemals morden",
sonst ist die Gilde tot......

Die zweite Regel ist bestimmt,
"nimm nicht der Armen Essen"...
ein leerer Teller niemals nimmt,
mein zornig Ehr´ Vergessen...

Zusammenhalt das dritte sei,
vernahm aus klugem Munde...
sonst ist die Gilde schnell entzwei,
tut dies den Uns`ren kunde...

So soll vernehm´n der Welten Leut,
den Stolz´e der Gejagten...
wir nehm´n doch nur des Hunger´s Freud,
und glaubt mal dem Gesagten...

So wie ich kam, geh Ich jetzt weg,
Ich wahre Worte schriebe..
lauf schnelle in der Gild´s Versteck,
dem Volk der Nächstenliebe...

©*Thomas Vitt - 23.11.2008*

Die Wankelmütigkeit

Wandelnd Laune tut nie gütig,
Abbruch aller Freuden gar...
Dies Gefühl heisst " Wankelmütig ,"
ist echt übel, wirklich wahr...

Stimmungsschwankung, schlechte Laune,
schreiend laut und Rufen´s tut...
hoch gen Himmel man posaune,
seinen großen Wankelmut...

Bessre Aussicht auf ein Lachen,
und geschwind die große Wut...
soll´n die Menschen glücklich machen,
schnelle geh´t der Wankelmut..

So sind alle Wesen gleichen´s,
fröhlich gegen Wankelmut..
und dem Frohsinn niemals weichen´s...
denn so tut´s doch jedem gut...

Thomas Vitt - 05.03.2009

Himbeerbonbonpackpapierche

Zungenbrecher, tolle Witze,
Leutens Leutnant, Fischers Fritze..
darüber man doch dauerd lacht,
und bald vor Freud ins Höslein macht...

Doch gibt es noch ein schönes Wort,
ich werd's Euch sagen, fahr mal fort..
als Kind ich sprach schon vor der Kirche,
Himbeerbonbonpackpapier'che...

Ganz früh morgens schrie mein Wecker,
lacht jetzt nicht, ich war mal Bäcker...
während ich die Tort verzier,
Himbeerbonbonpackpapier....

Ich war ein kleiner frühreif Bengel,
schnell gewusst , wozu der Stengel..
und hab im Klo oft on....ier..
auf's Himbeerbonbonpackpapier....

Dreißig Jahre ich's schon spreche,
oft geübt bis zum erbreche..
Jetzt lall ich flüssig nach zig Bier'che,
Himbeerbonbonpackpapierche...

Wenn Soldaten´s Füße wund,
tut der Hauptmann lauthals kund...
Sprich mir zur Paus´, mein Grenadier´che,
des Himbeerbonbonpackpapier´che...

Auf dem Baum da sitzt ein Affe,
leckt die Hörner der Giraffe..
und so sagt ein´s zum ander´n Tier´che,
Himbeerbonbonpackpapier´che...

In dem Fitnessstudio,
Hantel stemmend sowieso...
sprach der Mensch, der grad trainier,
Himbeerbonbonpackpapier..

In dem Garten jeder Baume,
Apfel, Birne oder Pflaume..
Tanne, Birke, Vogelkirsche ,
Himbeerbonbonpackpapier´che...

Und so geht´s noch viele Jahr,
dieses Wort find wunderbar..
viele Leut, ich garantier´s
lachen über´s Packpapier´s..

© *Thomas Vitt - 30.10.08*

Des Jäger´s Stolz

Ein Reh springt durch den dunklen Wald,
und lächelt mit der Sonne...
Oh, horch, des Jäger´s Büchse knallt,
er jagt mit großer Wonne...

das Reh stoppt schnell schier wie der Wind,
geschwind dem nächsten Baum´e...
vorbei des Jägers' s Kugel fliegt geschwind,
fast scheint´s, es wär ein Traume...

Doch, ach o weh, des Jäger´s Hund,
erklinget sein Gebelle...
und tut mit großer Sorgfalt kund,
das er das das Rehlein stelle....

der Jäger eilt zu seinem Hund,
um das Wild g'schwind zu finde...
es liegt im Gras mit off´ner Wund,
ganz dicht der großen Linde...

Ein Gnadenschuss genau in´s Blatt,
des Jäger´s Ruf ist stolz´e...
das Reh jetzt doch erleget hat,
im Walde´s Unterholz´e...

So wird verpackt das tote Tier,
gelobt ein Hund mit Wert´e..
und ausgenomm´n mit eifrig Gier,
das Reh mit großem Schwerte..

Nen Brocken Fleisch dem guten Hund,,
der hat das Reh gejagt...
es ist des Jäger´s Siegerstund´,
er niemals hat versagt..

Das Tier den Brocken packt gewiss,
mit Schnauze und mit Krallen...
ganz sorsam schlemmend zum Gebiss,
zum seinem Herr´n Gefalle..

©*Thomas Vitt*
in virtueller
und spaßiger Zusammenarbeit
mit Tanja Schostek 06.03.2009

Das Gefühl der Angst

Wenn Du um deinen Nächsten bangst,
und zitterst mit dem Leibe..
dies Gefühl, das nennt man Angst,
Ich´s gerne niederschreibe...

wenn Du nur schlecht Erfahrung tankst,
und bös Erfahrung hast...
gibt´s auch in Sachen Liebe Angst,
die fallet Dir zur Last...

Du nach der nächsten Hand gern langst,
die Dir gereichet ist..
gemischt viel Glück mit sehr viel Angst,
weil Du weisst, wer Du bist...

Du gar nicht gern voll Zorne zankst,
Genehmer Ruhe scheint...
Hast doch vor jedem Krach´e Angst,
weil keiner gerne weint..

Vom Alkohol Du heftig wankst,
nach der durchzechten Nacht..
und hast vor jedem Wachmann Angst,
der Straßen stet´s bewacht...

Doch gehts Dir gut, Du jedem dankst,
der Liebe in sich führt...
hat Dir genomm´n vor allem Angst,
dein Herz hat halt berührt..

©Thomas Vitt - 27.01.09

Zufall

Zufall ist ein Wort für Zweifel,
kennt Ihn auch ein jeder doch..
vom Hunsrücke bis zu der Eifel,
von Husum bis zum Binger Loch..

Ein jedem ist es schon geschehen,
seltsam es erscheinet ist...
man sieht ,ohne das man gesehen,
Dinge die man denkt, sei List...

Begegnungen und Aufgespürtes,
in Momenten sonderbar...
Manche Menschen, Aufgerührtes,
Komisch wirkt es, wirklich wahr..

Das Leben eben ohne Gnade,
Programmieren ist nicht drin..
Laßt uns leben, gar nicht schade,
denn im Zufall liegt der Sinn....

©Thomas Vitt

Dorscht

Durstig hock Ich in der Stube,
frierend doch mein Mark und Bein...
drück gewaltig auf die Tube,
und schütt nen Grog mir schnelle rein...

Schnelle wird's den Knochen warm´e,
Heiterkeit erfreut mein Sinn...
Zitternd packen meine Arme,
nach dem großen Hauptgewinn...

Eine Dame, ach,wie Zarte,
meiner Nähe kommt geschwind...
schlägt doch sehr in diese Sparte,
liebe Menschen, die wir sind..

©Thomas Vitt 05.03.2009

Regenwetter

Triefend nass steht dort ein Netter,
und wartet auf besseres Wetter...

Hagelsturm und Eisesregen,
verfolgt ihn auf seinen Wegen...

Durchgeweicht bis auf die Knochen,
steht er da seit vielen Wochen...

Die Sonne hat sich wohl versteckt,
er war bestimmt wohl zu verdreckt..

Jetzt ist der letzte Schmutz verschwunden,
er hat sich dabei sehr gewunden...

Oh, sieh her, ein Regenbogen,
und schon glätten sich die Wogen...

Jetzt reißt die Wolkendecke auf,
setzt Ihm die Trockenhaube drauf....

und zaubert Ihm ein fröhlich Lachen,
und er macht nun verrückte Sachen...

Zieht sich aus und steht nun nackt,
das Fieber hat Ihn wohl gepackt..

Gut getrocknet steht er dort,
und will wohl weislich nimmer fort...

Denn alle Leute hab´n gesehn,
Der gute Mann klagt über Wehen...

So ist vorbei die nass Geschicht,
Und sei es drum,vergeßt Ihn nicht...

*©Thomas Vitt in spassiger Zusammenarbeit mit
Tanja Schostek - 05.03.2009*

Eiseskälte Part.2

Eiseskälte ich verspüre,
sitz in meiner Stube drin..
Es zieht hier mächtig durch die Türe,
Weiß Gott? Ich bald erfroren bin...

Kalt ist´s doch bei vielen Dingen,
Schlittschuhfahrt und Schneeballschlacht...
Kalt ist´s auch beim Eis verschlingen,
Manch einer spürt der Kälte Macht...

Kälte gibt´s in einem Schranke,
welcher friere jeglich Fleisch...
dem Erfinder herzlich " Danke ",
zu warm wird´s schnelle grünlich weich...

Kälte gibt´s in vielen Arten,
ist´s doch gut, auch manchmal schlecht...
für´s Ungeziefer braucht´s der Garten,
auch Eskimo´s ist Kälte recht..

Kält` jedoch ist Gift für´s Herzen,
jeglich Güte macht dement...
schenkt den Schwachen mächtig Schmerzen,
manch einer in den Wahnsinn rennt...

Mutter Natur, die Herzensgute,
Liebt Uns Menschen alle sehr...
die Welt mit Wärm` sie überflute,
Was wär der Mensch, wenn sie nicht wär...

Drum lasst den Mensch die Liebe achten,
ehrfürchtig und hoffnungsvoll...
niemand muss in Kälte schmachten,
kommt, spürt mal Wärme, ist´s nicht toll...

©Thomas Vitt 08.10.2008

Lilaflanellläppche

Wer läuft so schnell, schon fast gerannt,
"Ein Maid mit rotem Käppche"..
und hält ganz fest mit seiner Hand,
des Lilaflannellläppche...

hinterher der böse Wolf,
er ist ein ganz schön Depp´che..
frisst nicht das Weib, spielt lieber Golf..
auch Lilaflannellläppche...

Und in der Schul ein jedes Kind,
besitzet ein schön Mäpp´che..
und hat´s gekleckert, holt´s geschwind,
des Lilaflannellläppche..

Beim Durchfall doch, man glaubt es kaum,
gibt´s furchtbar gute Zäpp´che...
kaum im Popo, gibt´s furchtbar Schaum,
für´s Lilaflannellläppche..

Wenn´s mal schnell muss, gucken alle,
in Internete´s Web´che..
Sauereien hingefalle,
macht´s Lilaflannellläppche..

Goldig auch der Barbie gern,
des ander süsse Bäbbche..
auf dem Kopf nen heilig Stern,
auf Lilaflannellläppche..

Auf dem Flohmarkt immer doch,
man findet gern ein Schnäppche..
Hosen ohne Knopf und Loch,
auch Lilaflannellläppche..

Ihr Leut, das war ein lustig Ding,
mach´s immer wieder gerne..
ich grad mit Lacher´s Tränen ring,
mal Läppchen auf die Sterne..

©Thomas Vitt - 17.11.2008

Seelverwandte Engel

Zwei Engel flogen durch die Nacht,
der Mond hoch oben stand...
Der Auftrag lautet stet´s " Bewacht",
seit eben " Seelverwandt"...

Und als Sie um die Welt so schwirr´n,
am Universum´s Rand...
sich nimmer gar die Herz verirr´n,
weil Sie sind " Seelverwandt"..

Ein Engel wie das andre kannt´,
der Menschen sämtlich Schmerz..
weil Sie mit allen "Seelverwandt",
und spüren wunde Herz´..

Und so gibt ´s schier ´nen Herzverband,
von allen guten Engeln...
denn auf dem Herzen steht und stand,
"Benutzen", nicht nur quängeln..

So fliegen sie die ganze Zeit,
an Wolken weißer Wand...
und sind für Menschen gern bereit,
zu sein doch " Seelverwandt "...

©Thomas Vitt - 04.03.2009

Das lustige Sterben bekannter Tiere

Auf der Alp stirbt ab und zu,
des Milka´s beste lila Kuh..
Warum, das werd Ich Euch jetzt sagen,
sie hat die Farbe nicht vertragen...

Und bekannt im ganzen Land,
ein Köter, wurd Lassie genannt...
ob Sonne scheint oder es regnet,
Ihn hat das Zeitliche gesegnet...

Der weiße Wal, ganz groß und schick,
auch bekannt als Moby Dick...
erlegte man bei der Lagune,
mit Kapitäne´s größt´ Harpune..

Furie, dieses stolze Pferd,
der Welt den Rücken zugekehrt...
so ritt geschwind der schwarze Hengst,
zum Himmel hin, wo Du nicht denkst..

Black Beauty war ein andrer Gaul,
der war zum sterben viel zu faul...
und seine Nerven lagen brach,
als Ihn der Metzger doch erstach...

Der große Fisch, man nannt Ihn Flipper,
starb bestimmt an seinem Tripper...
Gesund sah er ja niemals aus,
und ging von Uns mit viel Applaus...

Boomer liegt jetzt flach im Salze,
nach der großen Dampfes Walze..
nen Moment nicht aufgepasst,
so fand er die letzte Rast...

Eingewickelt in Papier,
King Kong, dieses große Tier....
Und alle Tiere machten schlapp,
der Mensch holzte den Urwald ab..

Und die Moral von der Geschicht,
Ewig leb´n wir alle nicht..
Denkt an das, was Ich jetzt sage,
lacht, seid fröhlich alle Tage...

Dagobert Duck, die reichste Ente,
starb an viel zu wenig Rente.
Und Micky Maus mit großen Ohren,
in Sibirien totgefroren..

Der Hexe Gundel Gaukeley,
im Flug der Besen brach entzwei..
Und dem Daniel Düsentrieb,
war sein Leben nicht mehr lieb...

Tweety fiel von seiner Stange,
atmet kurz und auch mal lange..
Speedy Gonzales ist gerannt,
weil man Ihm den Schwanz verbrannt..

Kater Karlo lachte froh,
ersoff er doch im Katzenklo...
als der Kommisare Hunter,
Ihn doch drückte tiefer runter..

Drum stirbt heut ganz Entenhausen,
wird gesprengt und tut zersausen...
Liebe Leut, nen lieben Grusse,
lest den Text mit lächelnd Muse..

©*Thomas Vitt*

*In liebevollem Gedenken
den lustigen Taschenbüchern
und alten Kinderfilmen...*

Piraten der Meere

Hey Ho, der Ruf der Piraten,
die Wellen der Meere erhellt..
Kanonen ertönen laut aus den Schießscharten,
und treffen, was gar nicht gefällt...

Hey Ho, die Flotten der Reichen,
die werden jetzt schnell ausgeraubt...
so mancher der Männer, würd gerne entweichen,
am Mast wird er doch angeschraubt...

Hey Ho, gebt und alles Golde,
ein Floß wartet dafür auf Euch..
und seid Ihr geständig, dann bleib Ich Euch holde,
Euch nicht auf die Planke da scheuch..

Hey Ho, die Flaggen dort oben,
von Mut´e und Stolze erzählt...
Piraten der Meere sind Sagenumwoben,
weil Sie dieses Leben gewählt...

Hey Ho, die See hat gegeben,
Freiheit, zu nehm´n was uns passt...
Ihr oder wir geben dafür auch Leben,
Ich weiß, das Ihr Uns dafür hasst...

Hey Ho, Piraten sind Mörder,
denken die Menschen auf Land...
benutzen für Uns allmöglich Schimpfwörter,
doch hab´n Sie Uns völlig verkannt..

Hey Ho, was soll man da sagen,
die Leben ist zwar manchmal hart..
werd freudig mal lachen und vorsichtig wagen,
zu sagen, das Leben ist eben nicht zart..

Hey Ho, Piraten der Meere,
der Totenkopf Merkmal doch ist..
und wer sich gar immer noch schlimmer beschwere,
geht baden, damit Ihr´s auch wisst..

Hey Ho, wir stehen zusammen,
wann immer der Galgen auch fällt..
soll Uns doch mal eben die ganz Welt verdammen,
wir bleiben Piraten der Welt..

Hey Ho, wir werden nie sterben,
kein Mensch gibt Uns je den Rest..
auch wenn Unser Schiff liegt in Trümmern und Scherben,
thirteen Man in the dead man´s chest..

©Thomas Vitt - 15.01.2009

Bad Kreuznach und die Brückenhäuser..........

Was wünscht man sich vom Santa Claus,
in kaltem Wintersturme..
nen Essen in ´nem Brückenhaus,
bei Kauzenburge´s Turme..

Die Brückenhäuser sind bekannt,
Bad Kreuznach´s guter Wille..
doch jedem Mensch im Deutschen Land,
der liebt der Nahe Stille...

Steht angereiht auf einer Brück`,
doch Haus an Haus auf Pfosten...
und aufrecht steht , wer sich nicht bück,
tut Nahewein verkosten....

Wer Kreuznach kennt, der weiß genau,
es ist ein super Örtchen....
So Seelenreich doch jede Sau,
lallt gern ein Plattdeutsch Wörtchen...

Bad Münster in der Nachbarschaft,
Rheingrafensteine´s Erbe..
ein Kurort dort mit aller Kraft,
sorgt für ein fleissig Sterbe..

doch wurstegal, ob hier und dort,
der Nahe grosse Welse..
schwimm´ns Leben lang an jeden Ort,
vorbei am Rothenfelse..

Die Kreuzstrasse da,die Kinogass`,
den Sexshop in der Nähe..
beim Anblick in den Augen nass,
weil er doch gern mehr sähe...

Doch reden wir nicht mehr drum rum,
Besuch sich immer lohne...
wer Sie nie sieht, den schimpf Ich dumm,
und niemanden verschone..

Salinental und Brückenhaus,
Wahrzeichen Mutter´s Erde..
machen Lebensfreude draus,
gab niemals ne Beschwerde..

Der Fotoladen eines hier,
scheint eben doch so alt´e..
flog einst Gebrüder Montgolfier,
dort drüber,bis es schallte..

Kreuzkirche und Niklauskirch`,
gewiss nicht wen´ger haben...
der Pfarrer dort der Zähne knirsch,
will aller Menschen Gaben..

Ein letzt´ Gedanken an die Stadt,
gilt Alzey´s Straß Great Kahn`e….*
das weltbest lecker Essen hat,
schwör,ist erste Sahne..

Gässchen..,dein versprochner Text,
ist lustig und zum schiessen..
verabschied mich mit " bis the next",
lass Freudentränen fließen..

©*Thomas Vitt - 31.01.09*

*Great Khan….,mein Lieblingschinese
mit mongolischem Grill,
der wirklich lecker Essen macht*

Der Hausgeist

Heut Abend ist etwas geschehen,
man konnt es fühl'n, aber nicht sehen..

Ein Hausgeist kam, wir hab'n gelacht,
hat komisch Musik angemacht..

Doch die CD von Grönemeier,
lag noch drin, die geile Leier...

Doch's Lied war Englisch, and're Töne,
sollt Bier hol'n, fing an zu stöhne..

wollt wohl nit, die faule Sau,
mag Fassnacht nicht, schreit nicht Helau..

läßt Funkuhr'n nächtens stille stehn,
und uns're Zeit vorrüber gehn..

Und riecht auch streng nach Schokolade,
ist bissfest nicht, ach ,jammerschade..

scheint doch ein herzensguter Geist,
der Willi oder Walter heißt...

auch Gertrud, Elke, Annabell,
weiß nicht genau, drum frag Ich schnell...

Wie heißt das ES mit richt´gem Namen,
bist Du ein Mann, gehörst zu Damen?

Ist Scheißegal, Du scheinst mir nett,
fühl Dich hier wohl, leg Dich in ´s Bett..

Solang Du brav bist sei willkommen,
und mach mich fröhlich und benommen..

Und sei Uns stet ´s ein glücklich Gast,
und schätze auch, was an uns hast..

Mit freundlichen Grüßen,
©Thomas Vitt
an den
Hausgeist - 12.01.2009

Die Vollmondnacht

Wünsch Euch die schönste Vollmondnacht,
weil mein Herz vor Freude lacht..

Freund Mond hoch oben für Uns steht,
und fleissig weiter Liebe sät..

Den Sternen hellester Planet,
Uns Wärme schenkt, die nie vergeht..

Und wenn wir Menschen geh ´n zu Bette,
geht er auf sein Arbeitsstätte..

Uns zum Grusse lieb bestrahle,
vom höchsten Berg in ´s tiefst´e Tal´e.

Und in jeder Vollmondnacht,
wird gewiss an Uns gedacht..

Strahlen dringen zu den Menschen,
durch das liebe Mondesmännchen..

tief in Herzen fühlend Wesen,
Alpenland und auch Vogesen..

Afrika und Orient,
aller möglich Kontinent..

lassen spüren sehnsuchtsvoll,
Hoffnung stet´s, das find Ich toll.

Drum dem Mond zu seiner Ehre,
Ich die Menschen gern bekehre..

Bin ein Günstling seiner Liebe,
Gutes in all Seelen schiebe..

Denn für Uns am Horizont,
lacht der Mann, der in Ihm wohnt..

Und wer Liebe wirklich kennt,
der schätzt den Mond, der für Uns brennt..

Leut, heut hab´n wir Vollmondnacht,
Mein Dank mei´m Freund, der für Uns wacht..

Genießt die Kraft und die Magie,
wer Sie nicht mag, der lernt es nie..

©Thomas Vitt - 11.01.2008

Das Teufelsweib

Wer trägt das Bös in seinem Laib,
und schaut mit bösem Blicke..
Hört her, es ist das Teufelsweib,
das Satan zu Euch schicke..

Der Himmel doch gehöre Gott,
er keinen Keil eintreibe..
doch das gehört zum Alltagstrott,
vom bösen Teufelsweibe..

Der Dolch der Brut der Hölle doch,
er ruht auf einer Scheibe..
und schneid´ geschwind ein grosses Loch,
wenn kommt das Teufelsweibe..

Zwei Körper voller Sehsucht schier,
einander gerne reibe..
Und schwitzt ganz doll und voller Gier,
das Herz vom Teufelsweibe..

Genug von dieser Höllenbrut,
Ich gerne Texte schreibe..
Nur lieb gemeintes tut uns gut,
zur Höll mi´m Teufelsweibe..

©Thomas Vitt - 07.01.2008

Die ewige Verbundenheit der Steine

Standfest scheint die Mauer gar,
dem Wind und Wetter trotzen..
Errichter dabei übersah,
das manche Steine motzen..

Geschwind der Lösung wird gesucht,
dem Halten steht's zum Sinne..
man schnell erhofft Erfolg verbucht,
und schafft, das man gewinne..

Nimm einfach besser Material,
denk an die Pyramiden..
dann ist´ s den Steinen echt egal,
nicht aus den Mauern schieden..

Robustheit doch kommt nicht von Hast,
solide wird's durchdachte..
fällt später halt nicht mehr zur Last,
wenn's bauen geht ganz sachte..

Mit Lieb errichtet hoch und tief,
schmal und in die Breite..
ein jeder Stein´e schläft und schlief,
an Zeitlos sicher Seite..

So sind sie nah der Zukunft stet´s,
seit Ewigkeit des Halten´s..
nur mit der Ruh des Herzen´s geht´s,
und mit bedenklich Schalten`s..

Die Liebe zum Detail doch zählt,
gebettet jeder Steine..
und sorgsam jeder Platz gewählt,
Freund Mond drauf ewig scheine..

Thomas Vitt - 06.01.2009

Alles aus der Dose

Menschenkinder immerzu Ich gerne doch liebkose,
Von Helmut Kohl bis Harald Schmidt und auch Mirosav
Klose...

Hör´ n doch all die gut Musik auf Soundsystem von Bose,
In der Hall´, im Partyraum und drauss ´,wenn der Wind tose...

In der Küch´ bereit geschwind die langsame Mimose,
mit Kochtopf, Löffel, Feuerholz das Essen aus der Dose.........
Riecht übel doch, ja stinkt sogar die superlecker Soße,
sieht so aus wie selbstgekocht, doch ist es aus der Dose.....

Die alte Mutti faltenreich beim Photograph in Pose,
hält mit verschrumpelt Hand ganz stolz vorm Bauchnabel die
Rose...

Und Ich mit meiner Meinung doch Ihr vor die Hörner stoße,
sieht so aus wie Hähnchenbrust und Himbeereis in Dose....

Beim Zahnarzt jeder Gebissträger behandelt Parodontose,
und wer nicht richtig laufen kann hat Multiple Sklerose.........
Bei Pest, bei Aids, bei all Krankheit wie auch Tuberkulose,
da gibt es vielerlei Arznei, und alles in der Dose.............

Auf Bäumen wächst so manches Obst, zum Beispiel Aprikose,
Äpfel, Birnen, Kirschen werden dort gern klein und grosse....

Dem Bauern dort beim pinkeln hängt sein Strumpfband ganz
schön lose,
wenn er ansetzt freudestrahln´d mit runterg´lassner Hose.........

Und die Moral von der Geschicht der schallendlachend
Schoße,
Leute, lacht und lasst die Finger von der feuchten Dose........

Ich mit meinem Witze gerne Eure Herzen kose,
Dies war Thomas Vitt´es Text zu allem aus der Dose.....

©*Thomas Vitt - 22.12.08*

Hex,Hex..........

Auf dem Krater des Vulkan´s,
da tun sie sich relaxen..
mal ab von Ihrem hässlich Wahn´s,
die zuckersüssen Hexen..

allesamt der Hexenweib,
geschultert Rab` und Echs`..
sich stet´s in´s Tagebüchlein schreib,
ein immerzu "Hex, Hex.."

So bring´n sie Ihr Rezept zur Bank,
Ein Suff aus viel Gewäch´s..
macht dicke Frauen gertenschlank,
wenn sie nur schreit"Hex, Hex.."

Schon frühe` gab´s die zaubernd Sippe,
zu Zeiten des T-Rex..
gab´s noch kein Besen und kein Schippe,
nur krächzend Wort` "Hex, Hex.."

Und als die Schifffahrt mal begann,
ganz schnelle schlugen Leck´s..
schnell abgesoffen jeglich Mann,
weil´s Weibe plärrt"Hex, Hex.."

Den Nachfahr´ n doch man schickt gewiss,
dick unterschrieb´ne Scheck´s..
Doch singend Volk macht viel Geschiss,
übt fleißig nur"Hex, Hex.."

Im Fußballstadion jeder weiß,
gibt´s immerzu auch Snack´s..
beim Tor´e doch ertönt es leis`,
gehässig nur "Hex, Hex.."

ein Mäuslein knabbert hungrig doch,
vom Krümmel des Gebäck´s..
und auf dem Weg zu Ihrem Loch,
vernimmt sie jäh "Hex, Hex..

Wenn fliegend Volk am Himmel schwirrt,
ein jeder gar perplex..
Schier jeder doch ist dann verwirrt,
vernimmt ganz laut "Hex, Hex.."

Ihr Leut , ich hör jetzt auf damit,
bevor Ich Euch zutex`..
nen lieben Gruß von Thomas Vitt,
lest lächelnd nur "Hex, Hex.."

©Thomas Vitt

Der Günstling des Mondes

In vielerlei Herzen,
gibt´s allmöglich Schmerzen..
Drum wird man verstehen,
das kaum wird versehen..

die Liebe und Nähe,
möcht kaum wer verstehe..
Ruhe und Wärme,
fast keiner noch schwärme..

Ausgestorben jedoch nicht,
Ein´ge, welche davon spricht..
mögen alle diese Dinge,
einer davon wohnt in Binge´..

Mag Natur und Herzenswärme,
herzlich lachen, fast schon Lärm´e..
runder Mond doch für mich lacht,
mich im Herzen glücklich macht..

er sorgt für alle die Gezeiten,
Licht im Dunkeln, auch im Weiten..
bin ein Günstling von dem Mond,
der in Euren Herzen wohnt..

©*Thomas Vitt*

Der menschliche Parasit

Reimen tu Ich wirklich gerne,
übern Mond und sämtlich Sterne..
Doch dieser Text von Thomas Vitt,
heißt schlicht "Menschlich Parasit.."

Wer kennt sie nicht, die lieben Narren,
die allerliebste dort verharren..
wo Lieb vorhanden und gewiss,
ein Menschlein wohnt, das Näh vermiss..

So zieh´n sie aus in´s weite Land,
Gibt´s viel davon, ich nenn´s "Verband"..
um zu suchen diese Leut´,
die jedes liebe Wort erfreut..

Schmeicheleien, Lobesreden,
nettes Grinsen, schöne Feten..
Bis sie denn nach zarten Küssen,
keine Angst mehr haben müssen..

das ihre Falschheit wird gefunden,
wie denn auch? nach nur Sekunden..
Und doch ist man schnell fasziniert,
nach Fragen sich ein jeder ziert..

Momente sind es, die verzücken,
und guten Leut die Nerv verrücken..
Drum hol´n sie sich die Parasiten,
einst mal gewohnt bei Stalaktiten..

schnell einmal zu sich nach Haus,
wo Parasit sich tobe aus..
Dann wird geschleimt und rumgemacht,
gut gegessen und gelacht..

Ein Wort gesagt, das nicht so meint,
wenn man´s wüsst, man heftig weint..
drum wenn´s dem Parasit genug,
heimlich machet er den Flug..

oder rennt zum nächsten Besten,
seine Liebe mag mal testen..
so scheint er ein Leben lang,
sich breitzumachen ohne Zwang..

Doch wenn er wüsst, was er zerstörte,
"Riss in Herzen", weil´s mal hörte..
nette Wort von "falsche Leuten",
Ich mag sie nicht, dies nie " BEREUTEN "..

©Thomas Vitt - 28.10.08

Wenn früh am Morgen......

Mich morgen´s früh der Wecker weckt,
ich bin noch ganz schön müde..
ich wünsch mir echt, das er verreckt,
bin unruhig im Gemüte..

So quäl ich meine müd´ Gebein,
mal langsam vor das Bette..
was soll ich tun, es muss halt sein,
erst mal ne Zigarette..

Mit dieser geht es schlappsig Gang´s,
gemütlich in die Küche..
den Filter rein, des Kaffee´s Schwank´s,
geniess ich sein Gerüche..

Im Badezimmer frierend ich,
schnatternd fließend Wasser..
säubere und wasche mich,
bin halt ein Frühe-Hasser..

So geht´s geschwind in Hos´ und Hemd,
schon wärmer wird mein Fuß´e..
Verdammt noch mal, der Knopf´e klemmt,
den Hoden stets zum Gruße...

So schenk ich mir nen Kaffee ein,
tu mich zusammenrotten..
nicht aufgepasst, ich Ferkelein,
die Tass auf den Klamotten..

Oh weh, jetzt muss ich schnelle weg,
sonst komm zu spät zum Schaffe..
nen Stolp` rer über´s Nachbar´s Dreck,
und ich zum Fall wie´n Affe..

So komm ich völlig demoliert,
all jeden Wochentage..
ausgezerrt und abgeschmiert,
doch Arbeit muss ertrage..

Die Tür geht auf, die grinsend Leut,
"Gut Morgen" laute kreischen..
ich will nur Ruh, mich´ s lieber freut,
klammheimlich möcht entweichen..

Und wenn ich dann zu später Stund,
endlich dem Stress entfleuche..
tut mir mein Haushalt laute kund,
mach sauber, alte Seuche..

So manchmal, lach, Ihr liebe Leut,
ich " Scheiße " schreien wollte..
Ich hoff, das Euch dies Text erfreut,
und früh´r aufstehen sollte..

©Thomas Vitt – 26.10.08

Die hässliche Tapete

Aufgebracht auf Mauers Putze,
Muster drauf und kunterbunt..
die Tapete, ich verdutzte,
zu Hilf, mir wird das Auge wund..

grünlich blaue , solche Töne,
yellow, lila und auch mint..
bei vielen Mustern ich laut fröhne,
Himmel hilf, ich werde blind..

Dicke Blasen , grelle Dinge,
furchtbar sind, mir wird ganz schlecht..
warme Farben ich verschlinge,
mit Lieb gemaltes ist mir recht..

ein jeder soll sich wohl´e fühlen,
in seinem eignen Reich..
und nicht sich stets die Glotzer kühlen,
weil Elend sich ins Wohle schleich..

ein jeder Maler sollt bedenkend,
jeden Makel täglich sieht..
man glücklich wohnend , Frohsinn lenkend,
und nicht verzieh´n sein Augenlid...

mit Ruh und Liebe Pinsel schwingend,
man durch das Zimmer gern rotiert..
liebe Leut , ich rate dringend,
vorher hat sein Zeug sortiert..

mit Vorbereitung ist schön schaffen,
Enderfolg und gut geling..
so mancher wird es auch noch raffen,
ne Wohlfühlwohnung ist kein Ding..

So wünsch ich jedem herzlichst gerne,
bei der nächsten Streichaktion..
nen Gruß und Lächeln aus der Ferne,
Glaub an Euch,Ihr schafft das schon.

LETZTE EHRE

Dicke Tränen liefen,
ich stand vor Freundes Grab..
die guten Engel schliefen,
als Gott nahm, was er gab..

der Krebs hat hingeraffet,
der Welten liebsten Mann..
ein jeder hat gegaffet,
er gab stets, was er kann..

ne Frau, drei tolle Kinder,
hab´n Ihren Mensch verlor´n..
er war Ihr Herzverbinder,
Weiß Gott , das ist geschwor´n...

ein gute Seel gegangen,
sein Antlitz stets uns treu..
gar niemand muss drum bangen,
schon gar nicht haben Scheu...

ich denk grad an die Worte,
die mir erst jemand schrieb..
gibt nicht viel von der Sorte,
die ich so innig lieb..

Ich werd sie Euch auch sagen,
hier gibt es kein Verbot..
erst wenn ein Herz vergessen,
dann ist man wirklich tot..

©*Thomas Vitt - 11.10.2008*

Diesen Text schrieb ich zu Ehren eines verstorbenen
Freundes, der einem Krebsleiden erlag....
Ich werde Ihn niemals vergessen...

Das Geheimnis des Kilt's

Sir Wallace stand im Schottenrock,
und sprach zu seinen Woman..
schaut her, Ich bin ein geiler Bock,
soll'n wir in die Highland's brummen..

So manch ein holdes junges Maid,
dies Angebot vernahme..
zog sich an Ihr schönstes Kleid,
benahm sich wie ne Dame..

Als Kavalier der große Held,
erzählte sein Geschichten..
Stunden über's weite Feld,
bis manche auch entwischten..

Die dortgebliebnen irgendwann,
nach ewig lang Gequäle..
zog er irgendwann mal dann,
zum anderen Erzähle..

langsam und der Hoffnung nah,
die Hand dem Bauche runter..
und erschrak, weil Sie nicht sah,
da ist ja gar nicht's drunter..

Doch in der heut'gen Zeit gesagt,
Geheimniss um den Kilt..
wird nur wissen wer sich wagt,
des Fühlen's sich noch willt..

© Thomas Vitt - 06.11.2008

MEIN LEBEN;WIE ICH ES LEBTE

Ein junger stolzer Mann kaufte sich einst
eine Virago.
Er verspürte das Bedürfniss nach
Freiheit, und so pfiff er auf Job und Zeit,
sattelte sein altes Mädchen, und fuhr durch viele Länder,
bereiste einige Kontinente...
Und überall, wo er rastete, lernte er
auch die unterschiedlichsten Leute kennen.
Nette, wie auch böse Menschen.....

Und auch einiges Frauenvolk machte Ihm den Hof...
Jedoch waren Liebesgefühle nirgendwo in seinem Herzen
ausfindbar zu machen, gar andere Interessen
waren Ihm wichtig....
Eines Tages auf einer einsamen Landstrasse
rastete er wieder, setzte sich auf die Leitplanken, als
aus dem Nichts eine fast Geisterartige mattschwarze
Harley erschien, neben seiner Virago parkte und ein
uralter weißhaariger Mann sich neben ihn setzte.

So verbrachten sie einige Zeit schweigsam stillsitzend
nebeneinander, als der alte Mann eine Frage begann,

"Junger Biker, du siehst so traurig aus!
Sag, was suchst Du für Dein Leben ?
"Hast Du dein Glück noch nicht gefunden?"

Der junge Biker schwieg einen Moment, und
antwortete: "Ich bin auf der Suche nach
der Freiheit und dem ewigen Glück!"

Doch der Alte mit dem langen Bart gab ihm nur
einen kleinen braunen verwaschenen Lederbeutel und
sprach "solltest Du in vielen Jahren
wieder diesen Moment erleben , dann öffne diesen Beutel.
Er wird Dir deine Antwort schenken..."

Und so trennten sich Ihre Wege, fortan machte
der junge Biker weiter wie bisher, wurde älter, grauer
und fuhr, und fuhr, und suchte seine Freiheit.
Jedoch, der Zeitpunkt kam mit jedem Kilometer
Straße, wo er Einsamkeit verspürte..
das ewige Allein sein plagte Ihn,
und er wurde fast verrückt vor Sehnsucht..
denn das Gefühl bei einer
herzlichen Umarmung hatte er bisher immer
verweigert..
An einem schönen Sommertage, mittlerweile war
er steinalt parkte er wieder dort, wo er einst
mit dem Alten sprach , erschien ein junger Mann auf
einem Bike , und wie von selbst ergab sich die damals
gestellte Frage...

Da erinnerte sich der mittlerweile
alt gewordene Biker an das Ledersäckchen,

öffnete es und fand
darin einen Zettel, auf dem folgende Worte standen,

"Bist Du stets einsam,

fehlt Liebe,so hör auf Dein Herz,

ein Stück Blech,wie Dein Bike,

Verspürt nie solchen
Schmerz!!!

Nachdem er diese Worte las. brach er in Tränen
aus, legte sich hin, schloss die Augen und
starb..

©Thomas Vitt - 07.05.2008

DER UNTERGANG DER BISMARCK

Einst der Stolz der Kriegsmarine,
zog die „ Bismarck" hin und her..
Kapitäne´s ernste Miene,
Kreise über´s weite Meer..

„Ach,oh weh", Sirenen kreischten,
der Feind erschien am Horizont...
Matrosen schnell noch Sünden beichten,
und füllten´s Rohr, das oben thront..

Gefechtsstellung war jetzt Devise,
Alle Mann auf hohem Deck..
Ganz laut hörte man dann „Schieße",
denn bei ´nem Treffer schlag ´n wir leck..

Oben hoch schrie dann der Späher,
„Obacht" laut in seiner Not..
denn der Feind kommt schnelle näher,
„Feuert", sonst sind alle tot..

Und geschwind aus allen Rohren,
donnert, kracht es furchtbar laut...
Taubheit drang in alle Ohren,
der Feuerkraft des Schiff´s vertraut..

Der Feind erwidert wider Willen ´s,
Torpedos schossen rasend an..
Um im Sinn der „ Bismarck" killen ´s,
trafen hart das Ruder dann..

Steuerlos trieb sie da hinne,
Verzweiflung macht sich frei und breit..
Keine Chance auf ´s „noch gewinne",
nur Mann und Maus vom Tod befreit..

Laden, laden, nochmals laden,
Treffer alle zwei Sekund´..
Geschoße lagen hoch den Waden,
Todesängste taten kund..

Bis zuletzt der Todesstunden,
wehrhaft waren alle Mann..
mancher hat sein Grab gefunden,
stolze doch im Feinde´s Bann..

Die Bismarck war dem Feind erlegen,
beim Untergang das letzte Rohr..
´ne Kugel schoss dem Feind entgegen,
den Untergang auch Ihm noch schwor..

©Thomas Vitt - 30.03.09

Die Geschichte von Alba (Schottland)

Vor langer, langer Zeit,
als es auf der Erde
noch keine Geräusche und Farben gab ,
saß auf einer Insel im mittleren Atlantik ein graues
Vögelchen auf einem Baum und langweilte sich.

Jedes Tier war einsam und Menschen gab es noch nicht..

Eines Tages fand das Vögelchen ein altes und hohles
Stöcklein und aus Langeweile blies es hinein..

"Huch", das Vögelchen erschrak...ein Geräusch....!!!!

Schon bald wurde die Idee geboren,
es nochmals zu versuchen,
und es ertönte wieder ein Geräusch.......
Kurze Zeit später bohrte das Vögelchen Löcher hinein..
und es ertönten viele verschiedene Töne..

Da bemerkte es,
das immer mehr Tiere unter dem Baum saßen,
und den lieblichen Klängen des hölzernen Ästlein's lauschten...

Immer öfter kamen die Tiere
und es wurden von Tage zu Tage mehr...

Bald hörten die hinten stehenden Tiere die Geräusche nicht
mehr,
denn das kleine Pfeiflein konnte sie nicht mehr erreichen,
so zahlreich waren sie vertreten..

.

Ha, dachte sich das Vöglein, und band ein ledernes
Säcklein zusammen, in das es kurzerhand das Pfeiflein
steckte.......

Und keiner staunte schlecht, als es über Meilen hinweg
zu hören war.........

Doch dann wurde das Vöglein krank und konnte seine Melodie
nicht mehr spielen..

Da hatte eines der Tiere die rettende Idee..

Ein jedes Tier band sich ein Säcklein mit
mehreren gelochten Hölzlein zusammen...

Und als sie dem Vöglein zu Ehren alle gleichzeitig in die
Säcklein bliesen,

da tat es einen gewaltigen Knall am Himmel,
es waren tausende Sterne zu sehen,
die Wälder wurden grün,
der Atlantic fing an, an den Klippen zu brechen
und die Gicht gab dem Konzert ein Feedback

und alle Tiere und die gesamte Natur
erstrahlte in den prächtigsten Farben..

Nun, das alles ist lange, lange her....
doch so wurde

"Schottland"

geboren..

©Thomas Vitt

Für den Clan of the lovely Peoples..

Meine Fackel leuchtet in der Nacht,
hoch oben in den Highland's wacht..

für seine Freunde, will's so nennen,
das Licht im Dunkeln sie noch kennen..

Mit jedem Leuchten sie erhelle,
dunkle Schatten richtig grelle...

das ein jedes Menschenkind..
Liebe findet gar geschwind..

drum send der Träger dieses Licht,
nen lieben Gruß mit Herz vermischt..

©Thomas Vitt – 31.03.2009

Liebe Leser

Ich hoffe, ihr hattet ein wenig Spaß mit den Texten
und den Gedichten eines nicht ganz dichten
Rheintal- Schotten….

Wie gewohnt werde Ich bestrebt sein,
die Menschen mit Liebe zu übersähen
und Ihnen stetig frohe Mienen
in die Gesichter zu zaubern...

Sollten Euch meine Texte nicht gefallen haben,
, so ist dies nur ein weiterer Anreiz,
die nächst folgenden Gedichte zu verbessern und
bedenklicher zu schreiben…
des weiteren möchte ich die komische Schrift der
schottischen Gedichte entschuldigen…
mir war danach..

Euch allen ganz viel Herzwärme….

Es verneigt sich tiefem Gruß´es,

Thomas Pitt

Das liebende Herz eines Menschen ist das stärkste Gut....

Bewahrt es wie einen Schatz...

Herstellung und Verlag:
Books on Demand GmbH, Norderstedt
ISBN 978-3-8391-1144-4